일꾼의 삶

일러두기

1. 본 학습에 들어가기 전 반드시 예습을 합니다.
2. 각 질문을 충분히 묵상하고, 질문에 대한 답은 가능한 한 자신의 말로 작성합니다.
3. 공부 시간 시작부터 끝까지 성령께서 인도해 주시길 기도합니다.
4. 적용은 자신의 상황 안에서 구체적이고 실천 가능한 것으로 합니다.
5. 본 교재에 인용된 성경 말씀은 대한성서공회의 개역개정 성경을 따른 것입니다.

제자훈련 시리즈
4

일꾼의 삶

교사선교회 지음

템북

1부 일꾼의 기초

들어가며 008
1과 섬김 010
2과 소망 016
3과 청지기 정신 023
4과 홀로 있기 029
5과 헌신과 인도하심 035

2부 일꾼의 삶

들어가며 044
1과 모세 046
2과 여호수아 054
3과 사울과 다윗 061
4과 느헤미야 067
5과 바울과 바나바 075

3부 일꾼의 사역

들어가며 _____ 084
1과 리더십 _____ 086
2과 팀(Team) _____ 094
3과 팀워크(Teamwork) _____ 102
4과 팀의 배가 _____ 109

1부 일꾼의 기초
The Basics of Workers

들어가며

"이 복음을 위하여 그의 능력이 역사하시는 대로 내게 주신 하나님의 은혜의 선물을 따라 내가 일꾼이 되었노라 모든 성도 중에 지극히 작은 자보다 더 작은 나에게 이 은혜를 주신 것은 측량할 수 없는 그리스도의 풍성함을 이방인에게 전하게 하시고 영원부터 만물을 창조하신 하나님 속에 감추어졌던 비밀의 경륜이 어떠한 것을 드러내게 하려 하심이라"_에베소서 3:7~9

이 교재를 학습하는 여러분은 제자훈련 과정을 거쳐 일꾼이 되려는 분들입니다. 일꾼이 된다는 것은 하나님 나라를 위한 사역의 지도자로 세워진다는 것을 뜻합니다. 일꾼은 '지도자 사도 바울과 제자 디모데, 그리고 디모데가 섬기는 충성된 자들'과 같은 영적 계보에 포함되는 사람입니다. 따라서 일꾼이 된다는 것은 단순히 제자를 양육하는 것을 넘어 양육의 계보를 형성함으로써 하나님 나라의 확장에 동참하는 것입니다.

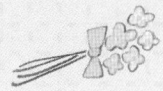

"병사로 복무하는 자는 자기 생활에 얽매이는 자가 하나도 없나니 이는 병사로 모집한 자를 기쁘게 하려 함이라"(딤후 2:4)라고 했습니다. 사역에 헌신하는 데에는 남모르는 고난도 있지만 "제자 삼으라"는 예수님의 명령을 삶으로 실행해 내는 것이기에 큰 위로와 기쁨이 따릅니다.

이 책의 1부에서 생각해 볼 문제는 다음과 같습니다.

- 나는 섬기는 지도자로서의 마음과 태도를 갖추고 있습니까?
- 나에게는 하나님이 통치하시는 나라를 향한 소망과 인내가 있습니까?
- 나는 물질과 시간에 대한 청지기로서의 삶을 살고 있습니까?
- 나는 하나님의 일꾼으로서 고독과 시련을 어떻게 해결합니까?
- 나는 하나님의 뜻을 찾아가는 삶을 살고 있습니까?

1과
섬김

"너희 중에는 그렇지 않을지니 너희 중에 누구든지 크고자 하는 자는 너희를 섬기는 자가 되고 너희 중에 누구든지 으뜸이 되고자 하는 자는 모든 사람의 종이 되어야 하리라 인자가 온 것은 섬김을 받으려 함이 아니라 도리어 섬기려 하고 자기 목숨을 많은 사람의 대속물로 주려 함이니라"
_마가복음 10:43~45

  종이 되어 섬기라는 말씀은 자신의 욕구 충족을 목표로 살아가는 현대인에게는 어색한 덕목입니다. 그러나 우리의 주인 되신 예수님은 목숨을 다하여 섬기셨으며 제자들에게도 그렇게 살라고 말씀하셨습니다. 왜 그러셨을까요?
  1과에서는 하나님 나라의 일꾼이 되기를 소망하는 사람들이 갖추어야 할 덕목과 그 이유에 대해 생각해 보는 시간을 갖겠습니다. 이 과를 공부하면서 주님의 뜻을 잠잠히 살펴봅시다.

리더십과 섬김

1. 사람들은 왜 높은 지위를 차지하려고 합니까?

1) 주변에서 존경하는 지도자와 그렇지 못한 지도자를 한 명씩만 찾아서 예로 들어 봅시다. 그리고 그 두 사람이 아래 표의 A와 B 중 어느 유형에 속하는지 분류하고 장단점을 비교해 봅시다.

	A. 권력형 리더 Powerful Leadership	B. 권위형 리더 Authority Leadership
특징	• 일 중심 • 직위와 명령으로 일함 • 명령체계로 일함 •	• 관계 중심 • • •
장단점	• •	• •

2) 나는 어느 유형에 가까운 사람입니까? 그렇게 생각하는 이유는 무엇입니까?

2. 제자들이 으뜸이 되어 섬김을 받고자 했을 때, 예수님은 무슨 말씀을 하셨습니까? (막 10:43, 44)

1) 이 말씀에 비추어 볼 때 나는 어떤 태도를 가지고 있다고 생각합니까?

3. 성경에서 '섬김'의 예를 찾아보고 이것을 내 삶에 어떻게 적용할지 적어 봅시다. [참고. 빌 2:5~8]

'섬김'의 예	교훈 및 적용
• 예수님 (요 13:14, 15; 히 4:15, 16) • 바울 (고전 10:33~11:1) • 베드로 (벧전 5:2, 3)	

사랑

1. 다른 사람을 잘 섬기기 위해서 나 자신에게 더 필요한 것은 무엇입니까? (예: 시간, 이해심, 돈 등)

2. 다른 사람을 사랑과 기쁨으로 섬기기 위해 필요한 조건은 무엇입니까?

1) 고린도후서 12:10

2) 마태복음 23:12

3. 예수님이 사람들을 섬기신 동기는 언제나 '사랑'이었습니다. 예수님은 우리에게 사람들을 어떤 태도로 섬기라고 말씀하십니까?

1) 마태복음 9:36

2) 빌립보서 2:1~4

4. 사람들은 겉모습을 중시하지만 하나님은 동기(motive)를 보십니다. 나의 섬김의 동기는 무엇입니까? (참고. 삼상 16:7)

적용

1. 다른 사람을 섬기다가 낙심하거나 실패한 경험이 있다면 함께 이야기해 봅시다.

2. 내가 진정으로 섬기는 자가 되기 위하여 넘어야 할 벽은 무엇이며, 그 문제를 해결하려면 어떻게 해야 합니까?

2과
소망

"내가 그리스도와 그 부활의 권능과 그 고난에 참여함을 알고자 하여 그의 죽으심을 본받아 어떻게 해서든지 죽은 자 가운데서 부활에 이르려 하노니 내가 이미 얻었다 함도 아니요 온전히 이루었다 함도 아니라 오직 내가 그리스도 예수께 잡힌 바 된 그것을 잡으려고 달려가노라"_빌립보서 3:10~12

삶이란 항해하는 배와 같아서 바다가 고요할 때나 풍랑이 일 때를 모두 지나가야 합니다. 항해에 분명한 목적이 있다면 어려움은 과정에 불과합니다. 성경은 우리 삶의 목적을 소망이라고 말하며 이 소망을 "영혼의 닻"(히 6:19)이라고 표현합니다. 소망이 든든하면 배는 견고해집니다.

이 땅을 살아가는 동안 하나님이 나에게 주신 소망은 무엇입니까?

소망의 삶

1. 하나님이 나의 삶을 통해 기대하시는 것은 무엇입니까?

2. 하나님의 궁극적인 관심과 목적은 무엇입니까? (딤전 2:4)

3. 내가 속한 공동체의 관심과 목표는 무엇입니까?

4. 앞서 이야기한 소망은 어떻게 이루어 갈 수 있습니까?
   1) 역대하 16:9

2) 히브리서 6:19

5. 소망을 품고 살았던 사람들에 대하여 살펴봅시다.

1) 모세가 이스라엘 백성을 인도하여 출애굽 할 수 있었던 힘은 무엇입니까? (히 11:24~26)

2) 도마가 좌절 가운데 소망을 확신하고 헌신의 길로 나아가기까지의 과정을 간략히 정리해 봅시다. (요 20:19~31)

6. 바울은 로마서에서 다음과 같이 말하고 있습니다. 이것을 통해 알 수 있는 것은 무엇입니까?

1) 로마서 15:13

(   )의 근원은 (   )이십니다.

2) 로마서 15:12

(   )을 둘 분은 (   )이십니다.

3) 로마서 15:13

(   )을 넘치게 주시는 분은 (   )이십니다.

소망의 열매

1. 소망이 이루어져 가는 과정을 살펴보고 나에게도 이런 경험이 있다면 이야기해 봅시다. (롬 5:3~5)

2. 믿음의 시련이 필요한 이유는 무엇입니까?

1) 베드로전서 1:6, 7

2) 야고보서 1:2~4

3. 소망이 있는 사람들이 고난을 두려워하지 말아야 할 이유는 무엇입니까?

1) 사도행전 14:22

2) 로마서 8:17

3) 고린도후서 4:17

4. 소망 가운데 인내할 것을 바라시는 하나님은 우리에게 무엇을 선물해 주겠다고 약속하십니까? (딤후 4:8; 벧전 5:4)

1) 요한복음 17:24

2) 데살로니가전서 2:19

3) 베드로전서 1:4

적용

1. 하나님이 나에게 주신 소망에 대해 나누어 봅시다.

2. 내가 속한 공동체의 소망을 성취하기 위해 내가 해야 할 일은 무엇입니까?

3과
청지기 정신

"각각 은사를 받은 대로 하나님의 여러 가지 은혜를 맡은 선한 청지기 같이 서로 봉사하라"_베드로전서 4:10

청지기 정신은 시간과 은사, 물질을 자기 자신의 목적을 위해 사용하는 것이 아니라 하나님의 뜻을 이루기 위해 사용하는 것입니다. 우리 모두는 이 땅에서의 삶이 끝날 때 하나님 앞에서 자기 삶에 대하여 다음과 같은 질문을 받게 될 것입니다.

- 시간을 청지기처럼 사용하였습니까?
- 은사를 청지기처럼 사용하였습니까?
- 물질을 청지기처럼 사용하였습니까?

청지기 정신

어릴 때 땅따먹기 놀이를 좋아했다. 아이들과 땅에 열심히 그림을 그리며 땅을 차지하다가 부모님이 부르시면 그려진 선을 쓱쓱 지우고 미련 없이 집으로 돌아갔던 그 땅따먹기 놀이……. 오늘날 현대인이 소유하려고 집착하는 것들은 하나님이 부르실 때 다 두고 가야 하는 것들이 아닐까?

1. 욥은 소유하고 있던 것을 모두 잃고 무엇을 깨달았습니까? (욥 1:21)

2. 하나님이 우리에게 맡기신 것을 사용하는 우리의 태도는 어떠해야 합니까?

1) 누가복음 16:10

2) 누가복음 16:13

3) 베드로전서 4:10

3. 청지기로 살았다고 해도 자랑할 것이 없는 이유는 무엇입니까? (눅 17:10)

4. 하나님이 우리 모두에게 공통으로 맡겨 주신 것들은 무엇입니까?

청지기의 삶

1. 마태복음 25:14~30에 나타난 세 청지기의 비유가 나에게 주는 교훈은 무엇입니까?

2. 하나님이 우리 모두에게 똑같이 맡기신 것의 가장 대표적인 것은 시간입니다. 지금 내가 하고 있는 일들을 점검해 봅시다.

1) 다음 표에 지금 내가 하고 있는 일을 항목에 맞게 적어 봅시다.

	긴급한 일	긴급하지 않은 일
중요한 일	1.	2.
중요하지 않은 일	3.	4.

2) 내가 가장 많은 시간을 할애하는 일은 무엇입니까?

3) 시간을 잘 사용하려면 어떻게 해야 합니까?

3. 하나님이 우리 모두에게 각자 다르게 맡기신 것은 은사(재능)와 물질입니다. 나에게 있는 것과 필요한 것은 각각 무엇입니까?

	내게 있는 것	필요한 것
은사(재능)		
물질		

1) 성경은 하나님이 내게 주신 것을 어떻게 사용해야 한다고 말씀합니까? (고후 8:13, 14)

2) 하나님이 이렇게 각자에게 다른 것을 주신 이유는 무엇입니까? (엡 4:12)

적용

1. 하나님의 청지기로서 시간과 은사, 재물을 어디에 어떻게 사용하는 것이 좋을지 적어 봅시다.

1) 개인생활

2) 공동체 생활

3) 사회생활

4과
홀로 있기

"이 모든 일에 전심 전력하여 너의 성숙함
을 모든 사람에게 나타나게 하라"
_디모데전서 4:15

일꾼의 삶은 공동체에서 훈련받는 것 못지않게 홀로 있음을 통해서도 성장하고 성숙됩니다. '홀로 있기'란 하나님 앞에서 홀로 있는 것을 말합니다. 이는 나와 하나님과의 일대일 대면을 통해서 하나님을 깊이 체험하는 것입니다. 또한 세상사의 분주함에서 벗어나 자기 자신과 타인을 직면하는 것입니다. 예수님은 사역을 시작하시기 전에 항상 홀로 하나님과 깊은 교제를 나누셨습니다. 예수님의 방법을 따라 우리도 하나님 앞에 홀로 앉아 하나님의 뜻을 헤아리며 하나님이 주시는 말씀에 귀 기울입시다.

홀로 있기

1. 분주한 생활은 현대인의 특징입니다. 내가 홀로 깊은 고요와 안식을 누리는 때는 언제입니까?

2. 홀로 있기의 주된 목적은 하나님께 내 마음을 내어드리고 하나님과 교제하는 것입니다. 예수님은 언제 어떻게 이런 시간을 가지셨습니까?

1) 마태복음 4:1~11

2) 마태복음 14:22, 23

3) 마태복음 26:36~39

4) 마가복음 1:35

3. 시편 기자가 하나님의 은밀한 곳에 거주하며 전능자의 그늘 아래 있을 때, 하나님은 그에게 어떤 분이 되어 주셨습니까? (시 91:1, 2)

4. 엘리야가 이세벨의 협박을 피해 홀로 40일을 걸어 호렙 산에 이르렀을 때 하나님이 그에게 보여 주신 것은 무엇입니까? (왕상 19:1~18)

5. 홀로 있으면서 할 수 있는 일은 말씀을 묵상하는 것입니다. 말씀을 묵상하는 사람은 어떤 복을 받습니까? [시 1]

홀로 있기 훈련

1. 홀로 있기 위한 훈련 계획을 구체적으로 세워 봅시다.

방법	시간(기간)	장소	비고
일상에서 홀로 있기			비교적 짧은 시간
시간과 날을 따로 떼어 홀로 있기			비교적 긴 시간 침묵하며 하나님을 묵상하고 자신을 돌아봄

2. 현대인의 삶은 무척 복잡해 보입니다. 그러나 홀로 있기는 단순한 삶을 추구할 때 가능합니다.

1) 나의 삶을 복잡하게 만드는 것은 무엇입니까?

2) 나를 분주하고 혼란스럽게 만드는 문제에 대하여 마태복음 6:33 말씀이 주는 교훈은 무엇입니까?

참고문헌
　　『제자도』(존 스토트, IVP, 2010)

 **적용**

1. 홀로 있기의 훈련 속에서 깨달은 것이나 소감 등을 함께 나눠 봅시다.

"홀로 있지 못하는 사람은 공동생활을 조심하도록 하라. 공동생활 속에 있지 않은 사람은 홀로 있기를 조심하라. 홀로 있기 없이 친교를 하는 사람은 공허한 말과 감정에 빠진다. 친교가 없는 홀로 있기는 공허한 구렁과 자기도취와 절망에 빠진다."_디트리히 본회퍼

5과
헌신과 인도하심

"그러므로 나의 사랑하는 자들아 너희가 나 있을 때뿐 아니라 더욱 지금 나 없을 때에도 항상 복종하여 두렵고 떨림으로 너희 구원을 이루라 너희 안에서 행하시는 이는 하나님이 시니 자기의 기쁘신 뜻을 위하여 너희에게 소원을 두고 행하게 하시나니"_빌립보서 2:12, 13

많은 그리스도인은 하나님의 뜻에 헌신하기보다 자신이 세운 뜻을 하나님이 도와주시기를 바랍니다. 우리가 먼저 해야 할 일은 하나님의 뜻을 찾는 일입니다. 하나님은 우리에게 그분의 뜻을 알려 주고 싶어 하십니다. 그분의 선하시고 온전하신 뜻에 헌신하는 일은 하나님께 영광이 될 뿐 아니라 우리 삶을 위해서도 최선이 될 것입니다.

내가 섬기고 사랑하는 사람들 속에서 하나님이 나와 우리에게 어떤 뜻을 가지고 계시는지 듣고 순종하는 일은 일꾼 된 삶의 기초입니다.

하나님의 뜻

1. 예수님의 삶의 목적은 무엇이었습니까? (요 6:38, 39)

2. 바울은 하나님의 뜻을 어떻게 표현했습니까? (롬 12:2)

3. 나는 어떻게 하나님의 뜻을 분별합니까?

하나님의 인도

1. 빌립보서 2:13의 내용을 '누가', '어디서', '어떻게'로 찾아서 적어 봅시다.

1) 누가

2) 어디서

3) 어떻게

2. 다음 각 말씀에서 하나님이 우리를 인도하시는 방법들을 찾아봅시다.

다니엘 9:2 •	• 성령께서
느헤미야 1:2, 3, 11 •	• 성경 말씀을 읽을 때
요한복음 4:35 •	• 다른 사람을 통해 필요를 듣게 하심
사도행전 13:2 •	• 스스로 살펴 필요를 느끼게 하심

3. 하나님의 인도하심은 언제 시작됩니까? (단 10:12)

4. 지도자 느헤미야가 이스라엘 백성에게 예루살렘 성을 재건할 것을 설득할 때, 그들의 태도는 어떠했습니까? (느 2:17~3:32)

5. 공동체가 함께 인도하심을 받았던 경우를 살펴봅시다.
1) 안디옥 교회 성도들은 성령이 명령하시기 전에 무엇을 하고 있었습니까? (행 13:1~3)

2) 예루살렘 교회가 어떤 과정을 통해서 이방인 구원에 대해 하나님의 인도하심을 받고 있었는지 살펴봅시다. (행 15)

헌신

1. 하나님의 뜻대로 살려는 사람들을 통해 얻을 수 있는 교훈은 무엇입니까?

1) 다니엘 1:8

2) 빌립보서 4:6~9

3) 빌립보서 3:13, 14

어려운 상황과 환경적 장벽이 하나님의 'NO' 사인을 의미하는 것은 아닙니다. 하나님의 일은 순차적으로 또는 별개로 이루어질 수도 있습니다.

적용

1. 하나님의 뜻 앞에서 내면의 갈등이 일어났을 때, 예수님은 어떻게 하셨습니까? (눅 22:42)

2. 하나님이 지금 나에게 기대하시는 헌신은 무엇이라고 생각합니까?

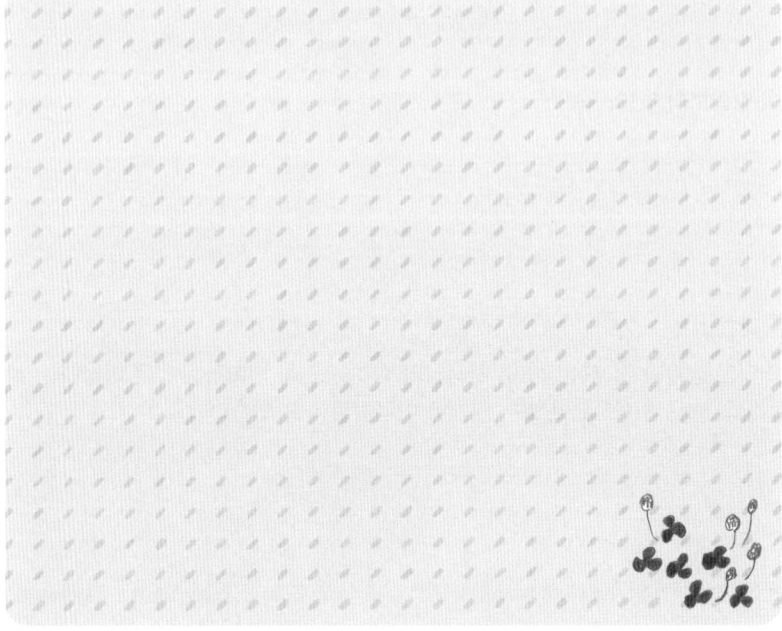

2부 일꾼의 삶
The Life of Workers

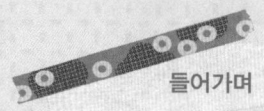

들어가며

"나의 간절한 기대와 소망을 따라 아무 일에든지 부끄러워하지 아니하고 지금도 전과 같이 온전히 담대하여 살든지 죽든지 내 몸에서 그리스도가 존귀하게 되게 하려 하나니"_빌립보서 1:20

우리는 1부에서 일꾼의 성품을 중심으로 공부했습니다. 2부에서는 성경 인물을 중심으로 그들이 어떻게 지도력을 발휘하며 살았는지를 탐색해 볼 것입니다.

하나님 나라의 일꾼은 부르심에 따라서 자신의 역할을 충실하게 감당합니다. 하나님과의 깊은 관계 안에서 하나님의 마음을 알고, 그 뜻에 순종하여 지속적으로 그 과업을 수행합니다. 그들은 이런 과정을 통해서 하나님 나라의 역사를 써 왔습니다. 지도자가 되기 위해서 일을 했다기보다는 부르심에 응답하고 연단하는 과정을 거치면서 지도자가 된 사람들입니다.

이스라엘 백성을 이집트에서 구하기 위해 부름 받은 모세, 모세의 뒤를 이어 이스라엘 백성을 이끌며 가나안 땅을 정복해 가는 여호수아, 하나님의 마음에 합한 왕이었던 다윗, 눈물로 기도하면서 예루살렘성을 재건하였던 느헤미야, 사도로 부르심을 받아 이방에 복음을 전

하며 삶을 던졌던 바울과 그의 동역자 바나바에 대해 공부하면서 하나님의 사람이 어떻게 세워지며 일꾼의 삶의 방식과 일꾼이 추구해야 할 것은 무엇인지, 그들은 어떻게 살아가는지를 탐색해 봅시다. 이 교재를 통해 여러분의 삶에 하나님의 일꾼으로 세워지기를 간절히 바라는 도전과 결단이 있기를 바랍니다.

이 책의 2부에서 생각해 볼 문제는 다음과 같습니다.

- 모세는 지도자로 세워지기까지 어떤 과정을 거치게 됩니까? 그의 지도력의 특징은 무엇입니까?
- 여호수아는 지도자로 세워지기까지 어떤 과정을 거치게 됩니까? 그의 지도력의 특징은 무엇입니까?
- 사울과 다윗에게 닥친 지도력의 위기는 무엇입니까? 이들은 그 위기를 어떻게 대처합니까?
- 느헤미야는 어떻게 하나님의 일꾼으로 세워집니까? 그는 예루살렘 성벽을 어떤 자세로 재건합니까?
- 바울과 바나바가 일하는 방식에는 각각 어떤 특징이 있습니까? 나는 어떤 방법으로 하나님의 일을 추진합니까?

1과
모세

"이제 내가 너를 바로에게 보내어 너에게 내 백성 이스라엘 자손을 애굽에서 인도하여 내게 하리라"_출애굽기 3:10

탁월한 리더십은 어떻게 세워질까요? 우리는 이 답을 성경의 위대한 지도자 중 한 사람인 모세에게서 찾아보고자 합니다. 그는 이스라엘 백성을 애굽에서 구원해 광야에서의 40년 생활을 인도했습니다.

하지만 그는 하나님의 부르심을 받기 전에는 리더십과 거리가 먼 사람이었습니다. 죄를 짓고 40년 동안 숨어 살았고, 하나님이 명하시는 일을 해낼 자신이 없었습니다.

그에게 어떤 마음이 필요했는지, 어떤 과정을 통해서 하나님의 위대한 일을 할 수 있었는지 살펴보면서, 하나님은 이 시대에 나를 어느 곳으로 부르시는지 묵상하는 기회가 되길 바랍니다.

부르심의 과정

1. 모세의 인생은 크게 3단계로 나눌 수 있습니다. 각 시기의 삶을 살펴보고 아래 표의 빈칸을 채워 봅시다.

단계	생활 장소	사건들
1단계 출생~40세: 성장 (출 2:1~10)	출 2:4~10	행 7:22 출 2:11, 12
2단계 40~80세: 부르심 전 (출 2:11~25)	출 2:15	출 2:21, 22 출 3:1
3단계 80세~죽음: 부르심 후 (출 3)	출 4:18~20	출 3:10~12 출 5:1, 2

2. 모세의 삶에서 광야생활 40년은 어떤 의미가 있습니까?

3. 하나님이 모세를 이스라엘의 지도자로 부르셨을 때, 모세가 한 변명(반응)과 그에 대한 하나님의 답변은 각각 무엇이었습니까?

성경	모세의 변명(반응)	하나님의 답변
출애굽기 3:10~12		
출애굽기 3:13, 14		
출애굽기 4:1~9		
출애굽기 4:10~12		
출애굽기 4:13~17		

4. 하나님이 나를 지도자로 부르셨을 때, 내가 한 변명(반응)과 그에 대한 하나님의 답변은 각각 무엇이었습니까?

리더십의 실제

1. 모세가 처음 지도자로서 일할 때 겪은 어려움에 대해 묵상해 봅시다.

1) 모세가 이스라엘 장로들 앞에서 하나님의 계획을 말했을 때, 이스라엘 백성의 반응은 어떠했습니까? (출 4:31)

2) 바로는 이스라엘 백성을 이끌고 광야로 가겠다는 모세의 이야기를 받아들이지 않았을 뿐 아니라, 오히려 더 힘든 노동을 시켰습니다. (출 5:17, 18) 이에 대한 이스라엘 백성의 반응은 어떠했습니까? (출 5:21)

3) 이스라엘 백성의 이러한 반응을 보고 모세가 취한 태도와 이에 대한 하나님의 약속은 각각 무엇이었습니까? (출 5:22~6:9)

2. 내가 지도자로서 겪는 어려움에 대해서 성경은 어떤 조언을 합니까? (딤후 2:22~26)

3. 모세는 이스라엘 백성을 이끌고 출애굽(출 5~15) 합니다. 모세의 리더십의 근원은 무엇입니까? (참고. 출 14:31, 24:15~18, 33:11)

4. 이스라엘 백성을 이끌면서 보여 준 모세의 믿음과 성품을 알아봅시다.

1) 출애굽기 14:13, 14

2) 출애굽기 32:11~14, 31, 32

3) 민수기 12:3

5. 모세는 훌륭한 지도자였지만 약속의 땅에는 들어가지 못했습니다. 그 일에 대해 알아봅시다.

1) 모세는 어떤 죄를 지었습니까? (민 20:2~12)

2) 모세의 죄에 대해서 하나님은 어떤 말씀을 하십니까? (민 20:12, 13)

3) 모세의 죄가 지도자인 나에게 주는 교훈은 무엇입니까?

6. 신명기 34장에서 모세가 죽음을 앞둔 상황에 대해서 알아봅시다.

1) 하나님이 모세에게 마지막으로 보여 주신 것은 무엇입니까? (1~4절)

2) 모세가 죽었을 때의 상황을 이야기해 봅시다. (5~7절)

3) 모세가 죽은 후에 성경은 그를 어떤 사람이라고 말하고 있습니까? (10~12절)

4) 모세가 죽기 전에 한 일은 무엇입니까? (9절)

적용

1. 지도자로서 다른 사람을 섬기다가 낙심하거나 실패한 경험이 있다면 함께 나누어 봅시다.

2. 내가 진정으로 다른 사람을 섬기는 자가 되려면 어떤 장벽을 넘어야 하며, 그 장벽을 넘으려면 어떻게 해야 합니까?

2과
여호수아

"내 종 모세가 죽었으니 이제 너는 이 모든 백성과 더불어 일어나 이 요단을 건너 내가 그들 곧 이스라엘 자손에게 주는 그 땅으로 가라"_여호수아 1:2

여호수아는 출애굽 과정에서 모세와 동고동락하는 가운데 이스라엘 공동체를 이끌어 가시는 하나님의 역사를 경험했습니다. 모세가 죽은 후에는 백성들과 함께 모세가 이루지 못한 가나안 정복을 성취했습니다. 그는 인격적으로 보기 드물게 무흠했으며 긍정적인 믿음을 가진 사람이었습니다. 위대한 지도자 모세의 뒤를 잇는다는 것 자체가 모험이었을 텐데 그는 자신에게 주어진 가나안 정착이라는 과업을 매우 잘 수행했습니다.

여호수아의 삶을 살펴보면서 우리의 사역과 리더십에 적용할 점은 무엇인지 생각해 봅시다.

여호수아서 개관

성경	개요	성경	개요
1~5장	가나안 정복 준비	11, 12장	가나안 북부 정복
6~8장	가나안 중부 정복	13~22장	가나안 땅 지파별 분배
9, 10장	가나안 남부 정복	23, 24장	여호수아 고별사

시중드는 지도자

1. 여호수아는 이스라엘 백성의 지도자가 되기 전에 무슨 일을 했습니까?

2. 여호수아가 지도자로 성장한 과정을 살펴봅시다.
1) 출애굽기 24:13

2) 출애굽기 17:8, 9

3) 민수기 13:1, 2, 8

3. 지도자 모세에 대한 여호수아의 태도는 어떠했습니까? [수 11:15]

4. 하나님은 여호수아를 지도자로 세울 때 무슨 말씀을 하셨고, 그에게 어떤 약속을 해 주셨습니까?

1) 민수기 27:16~23

2) 여호수아 1:5

성취하는 지도자

1. 여호수아서 전반부(1~12장)는 가나안 정복 7년 전쟁에 대한 내용입니다. 여호수아가 사명을 성취해 가는 과정을 알아봅시다.

성경	내용	특징
여호수아 2:1		
여호수아 5:2		
여호수아 6:20, 21		
여호수아 10:40~43		
여호수아 11:1~5		

2. 여호수아가 사명을 성취해 가는 과정에서 백성들에게 강조한 것은 무엇입니까? (수 1:12~15)

3. 여호수아가 요셉 자손에게 용기를 주기 위해 한 말(수 17:14~18)과 하나님이 모세에게 약속으로 주신 말씀(신 20:1)을 비교해 봅시다.

4. 여호수아의 아이성 패배와 기브온 백성과의 협약을 통해서 리더가 경계해야 할 것은 무엇임을 알 수 있습니까?

1) 아이성 패배 (수 7:1~4)

2) 기브온 백성과의 협약 (수 9:3~6, 14, 15)

5. 여호수아 옆에는 갈렙이 있었습니다. 두 사람의 공통점과 갈렙이 여호수아에게 끼친 영향은 각각 무엇입니까?

1) 여호수아와 갈렙의 공통점 (민 14:6~9)

2) 갈렙이 여호수아에게 미친 영향 (수 14:6~15)

6. 여호수아는 하나님이 주신 사명을 완수하고 죽기 전에 이스라엘 백성을 향해 새로운 결단을 촉구합니다. 그 내용은 무엇입니까? (수 24:14~18)

적용

1. 하나님이 어떤 훈련 과정을 통해서 나를 지도자로 세워 나가시는지 이야기해 봅시다.

2. 하나님이 나에게 주신 사명은 무엇이며, 이에 대한 하나님의 약속은 무엇인지 나누어 봅시다.

3과
사울과 다윗

"사울이 이르되 내가 범죄하였을지라도 이제 청하옵나니 내 백성의 장로들 앞과 이스라엘 앞에서 나를 높이사 나와 함께 돌아가서 내가 당신의 하나님 여호와께 경배하게 하소서 하더라"_사무엘상 15:30

"다윗이 나단에게 이르되 내가 여호와께 죄를 범하였노라 하매 나단이 다윗에게 말하되 여호와께서도 당신의 죄를 사하셨나니 당신이 죽지 아니하려니와"_사무엘하 12:13

사울과 다윗 모두 하나님의 선택으로 왕이 되었으며 재위 기간에 치명적인 잘못을 범했습니다. 그러나 한 사람은 하나님이 왕으로 삼으신 것을 후회한 자(삼상 15:35)가 되었고, 다른 한 사람은 하나님의 마음에 합한 자(행 13:22)가 되었습니다. 그 차이는 무엇일까요?

잘못된 자세로 리더십을 남용하는 일꾼을 하나님이 어떻게 다루시는지 살펴보고, 하나님이 기뻐하시는 지도자는 어떤 태도를 취해야 하는지 공부해 봅시다.

육에 속한 리더십과 영에 속한 리더십

1. 사울과 다윗이 왕으로 부르심을 받기 전의 모습과 왕으로 세워지는 모습을 비교해 봅시다.

1) **사울** (삼상 9:2, 18~21, 11:15)

2) **다윗** (삼상 13:14, 16:1, 7, 12, 13)

3) 두 사람의 배경과 조건은 어떤 차이가 있었습니까?

2. 사울과 다윗의 리더십에 위기를 가져온 그들의 연약함과 범죄는 각각 무엇입니까?

1) 사울 (삼상 13:5~15, 15:9, 18~21, 18:7, 8)

2) 다윗 (삼하 11:2~4, 15, 24:1, 2)

3. 범죄가 드러나자 그들은 어떤 반응을 보였으며, 그 반응의 이면에 있는 그들의 생각은 무엇이었습니까?

1) 사울 (삼상 13:12, 15:15~24, 18:29)

2) 다윗 (삼하 12:13, 24:10, 참고. 시 51)

4. 이스라엘 민족의 지도자요 하나님 앞에서 죄를 범했다는 공통점을 가지고 있는 두 왕은 각각 어떤 결말을 맞이합니까?

1) 사울 (삼상 15:35, 16:14, 31:3~5)

2) 다윗 (대상 29:10~25; 왕상 2:1~4)

5. 사울과 다윗의 삶의 출발점은 영적으로 비슷해 보이지만 삶의 결말에는 큰 차이가 있습니다. 그 이유는 무엇입니까?

6. 다윗은 하나님이 기뻐하실 만한 모습을 많이 가지고 있었습니다. 그것은 무엇입니까?

1) 사무엘상 17:45~47

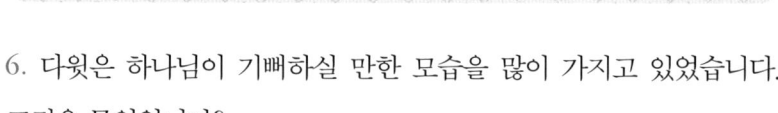

2) 사무엘상 26:22~24

3) 사무엘상 16:13~23

4) 시편 62:1, 2

죄를 지은 리더를 다루시는 하나님

1. 사울과 다윗은 지도자였기에 그들이 지은 죄는 하나님 앞에서 더 컸습니다. 죄를 범한 리더를 하나님은 어떻게 다루십니까? (참고. 삼상 13:11~14, 15:9~11, 22, 23; 삼하 12:9~11)

적용

1. 사울과 다윗의 모습에서 알 수 있는 리더가 경계해야 할 죄는 무엇인지 오늘날의 상황에 맞는 구체적인 예를 찾아봅시다.

2. 나는 리더로서 어떤 강점과 약점이 있는지, 약점에 대한 보완책은 무엇인지 생각해 봅시다.

4과
느헤미야

"내가 이 말을 듣고 앉아서 울고 수일 동안 슬퍼하며 하늘의 하나님 앞에 금식하며 기도하여" _느헤미야 1:4_

느헤미야는 예루살렘 성벽을 다시 건축한 지도자로서 철저한 계획과 준비, 과감한 추진력과 분별력으로 사명을 성취해 갑니다. 군림하며 지휘하기보다 솔선하며 본을 보이고, 백성들을 적재적소에 배치하여 일을 분담하게 하면서 사역을 완성합니다. 성벽 재건을 마친 후에는 성의 경비 체제 정비와 백성들의 영적, 사회적 개혁을 주도합니다.

이처럼 느헤미야는 하나님의 뜻을 살피고 백성들의 삶을 돌아보면서 사명을 완수합니다. 느헤미야의 리더십을 통해 우리의 사역을 개혁해 봅시다.

느헤미야서 개관

성경	개요
1장	예루살렘의 상황을 들은 느헤미야의 행동
2장	성벽 재건의 계획
3장	성벽 재건의 분담
4, 5장	성벽 재건에 방해가 되는 문제들
6장	성벽 재건의 완성
7~12장	포로 귀환과 에스라의 개혁 운동
13장	느헤미야의 개혁 운동

자원하는 리더십

1. 느헤미야는 예루살렘의 소식을 전해 들은 후 어떻게 행동했습니까?

1) 느헤미야 1:2~11

2) 느헤미야 2:4~8

2. 예루살렘에 도착한 느헤미야는 어떤 과정으로 성벽을 건축했습니까?

1) 느헤미야 2:11~13

2) 느헤미야 2:16~18

3) 느헤미야 3장

3. 느헤미야의 반대 세력은 여러 방법으로 성벽 재건을 방해했습니다. 그 일에 대해 알아봅시다.

1) 느헤미야는 이 일에 어떻게 대처했습니까?

성경	반대 세력의 방해	느헤미야의 대처
느헤미야 4:1~5	비웃음과 조롱	
느헤미야 4:7~9	폭력 행동	
느헤미야 6:2~4	암살 음모	
느헤미야 6:6~9	모함과 협박	

2) 느헤미야는 방해에도 굴하지 않고 성벽을 완성했습니다. 그 과정을 통해 배울 점은 무엇입니까?

4. 느헤미야는 공사 시작 52일 만에 예루살렘 성벽을 재건했습니다. (느 6:15) 이 과정에서 볼 수 있는 느헤미야의 탁월함은 무엇입니까?

함께하는 리더십

1. 느헤미야와 성벽을 건축하는 사람들의 모습은 어떠했습니까? (느 4:21~23)

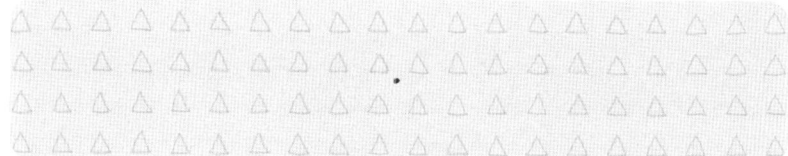

2. 성벽을 완성한 후 느헤미야는 예루살렘의 체제 정비를 위해 어떤 일을 했습니까?

1) 느헤미야 7:2

2) 느헤미야 7:5

3) 느헤미야 11:1, 2

3. 느헤미야는 백성들의 영적 각성을 위해서 누구의 도움을 받았습니까?

1) 느헤미야 8:6, 9, 18

타협하지 않는 리더십

1. 느헤미야가 성벽을 재건하는 과정에서 보여 준 모범은 무엇이었습니까? (느 5:14, 15)

2. 느헤미야는 이스라엘 백성들의 잘못들을 과감하게 개혁했습니다
(느 13). 그는 이스라엘 백성들이 저지른 잘못에 어떻게 대처했습니까?

성경	문제점	대처
느헤미야 13:7~9		
느헤미야 13:10, 11		
느헤미야 13:15~17		
느헤미야 13:23~27		

적용

1. 느헤미야는 성벽 재건을 마친 후 예루살렘성의 체제를 갖추고 백성들의 영적 각성과 삶의 개혁을 위해 최선을 다했습니다. 지금 나에게 필요한 영적 각성과 삶의 개혁은 무엇입니까?

2. 교육계를 예루살렘성이라고 가정할 때, 무너져 내린 부분은 어디라고 생각합니까? 그곳을 재건하기 위해 나와 공동체가 할 수 있는 일은 무엇입니까?

5과
바울과 바나바

"바나바가 사울을 찾으러 다소에 가서 만나매 안디옥에 데리고 와서 둘이 교회에 일 년간 모여 있어 큰 무리를 가르쳤고 제자들이 안디옥에서 비로소 그리스도인이라 일컬음을 받게 되었더라"_사도행전 11:25, 26

바울과 바나바는 모두 하나님의 복음을 증거하는 데 최선을 다한 사람들이었습니다. 바울은 자신의 목표가 정해지면 원리 원칙에 의거하여 최선을 다했고, 바나바는 바울에 비해 크게 드러나지는 않았지만 사람들을 격려하고 세워 주면서 일했습니다. 바울이 사명을 위해 열정적으로 살았다면, 바나바는 주변 사람들과의 관계를 중요시하며 사명을 수행했습니다.

바울과 바나바의 성품과 태도를 살펴보면서 하나님의 일꾼으로서 어떻게 사명을 이루어 나가야 하는지 공부해 봅시다.

바울의 리더십

1. 바울은 사회적으로 어떤 신분과 배경을 가지고 있습니까?

1) 사도행전 22:3, 25

2) 빌립보서 3:5, 6

2. 바울은 어떤 기질(또는 성향)을 가진 사람입니까?

1) 빌립보서 3:6, 7

3. 바울이 하나님의 사명을 수행하는 태도는 어떠했습니까?

1) 사도행전 19:21

2) 사도행전 20:14~16, 22~25

4. 사역에서 놀라운 결실을 거둔 바울에게도 약점이 있었습니다. 그것은 무엇입니까? (고후 12:7, 10:10)

5. 동역자들과의 갈등 상황에서 바울은 어떤 태도를 보였습니까?

1) 사도행전 15:1, 2, 37~39

2) 갈라디아서 2:11~14

6. 이를 통해 바울이 사명에 임하는 태도는 무엇임을 알 수 있습니까?

7. 바울은 이러한 성품과 태도로 어떤 사명을 감당할 수 있었습니까?

바나바의 리더십

1. 바나바는 사회적으로 어떤 신분과 사회적 배경을 가지고 있습니까?

1) 사도행전 4:36, 37

2) 사도행전 11:22

2. 바나바는 어떤 성품의 사람입니까?

1) 사도행전 11:24

2) 사도행전 15:37

3. 바나바의 사역에 대해 알아봅시다.

1) 바나바는 사역을 할 때 무엇을 중요시했습니까? (행 9:26, 27, 11:25, 15:37~39)

2) 위와 같은 행동을 보면서 바나바는 일꾼으로서 어떤 안목을 갖추었다고 생각합니까?

4. 바나바는 안디옥 교회의 리더였지만 부족한 점이 있었습니다. 그것은 무엇입니까? (갈 2:11~14)

5. 바나바는 바울과 마가를 사역자로 세우는 데 있어서 중요한 역할을 했습니다. 후에 마가는 어떤 사명을 감당하게 됩니까? (벧전 5:13; 골 4:10; 몬 1:24)

적용

1. 나는 바울과 바나바 중 누구와 비슷합니까? 나와 전혀 다른 기질의 사람과 동역할 때 어떤 태도를 취합니까?

3부 일꾼의 사역
The Ministry of Workers

들어가며

"사람이 마땅히 우리를 그리스도의 일꾼이요 하나님의 비밀을 맡은 자로 여길지어다 그리고 맡은 자들에게 구할 것은 충성이니라"_고린도전서 4:1, 2

하나님은 공동체로 살아가기와 공동체로 일하기를 즐겨하시는 분입니다. 공동체가 지향하는 바를 위하여 공동체 안에서 아름다운 팀워크를 이루며 일하는 것은 그 자체만으로도 대단히 아름다울 뿐만 아니라 사명을 능률적으로 감당하는 비결이 됩니다.

   3부에서는 팀을 이끄는 리더의 자질과 태도에 대하여 먼저 살펴볼 것입니다. 그 후에 여러 사람이 하나의 팀으로 일하는 데에는 어떤 유익이 따르는지 살피면서 좋은 팀워크와 팀의 재생산에 필요한 조건을 공부할 것입니다.

   그리스도를 통해 살아 있는 리더십과 팀워크가 어떻게 작용하는지 공부하면서 세상을 이길 수 있는 힘을 얻기 바랍니다.

1과

리더십

"내가 나를 위하여 충실한 제사장을 일으키리니 그 사람은 내 마음, 내 뜻대로 행할 것이라 내가 그를 위하여 견고한 집을 세우리니 그가 나의 기름 부음을 받은 자 앞에서 영구히 행하리라"_사무엘상 2:35

어떤 사람이 하나님의 공동체를 잘 이끌어 갈 수 있을까요?

리더는 자신의 공동체가 나아갈 방향을 하나님의 뜻에 따라 잘 분별하는 사람, 그 방향의 끝에 무엇이 있는지 볼 수 있는 사람, 그리고 그것을 성취해 가기 위해서 동역자들을 움직이도록 하는 사람입니다.

하나님의 공동체 안에서 올바른 리더의 모습을 공부해 봅시다. 그래서 하나님의 소중한 비전을 이루어 나가는 귀한 일꾼이 되기를 바랍니다.

분별력

1. 인생은 선택의 연속입니다. 나는 지도자로서 중요한 판단을 내릴 때 어떤 방법(과정)으로 결정합니까?

2. 우리는 어떻게 해야 하나님 앞에서 바른 결정을 내릴 수 있습니까?
(롬 12:2)

3. 리더의 바른 결정과 바르지 못한 결정의 예를 각각 찾아봅시다.
1) 바른 결정 (단 6:1~10)

2) 바르지 못한 결정 (삼상 14:24~30)

4. 하나님의 뜻을 바르게 분별하기 위해 우리가 할 수 있는 일은 무엇입니까?

1) 예레미야 33:3; 사도행전 13:1~3

2) 여호수아 1:8, 9; 창세기 12:1~4

3) 사도행전 15:1~29

5. 이 외에 지도자가 올바른 분별력을 갖추기 위하여 취해야 할 태도는 무엇입니까? (왕상 12:1~15)

비전

1. 하나님이 내가 속한 공동체에 주신 비전은 무엇입니까?

2. 하나님이 나에게 주신 삶의 비전은 무엇이며, 이것은 공동체의 비전과 어떤 관계가 있습니까?

3. 하나님의 공동체를 이끄는 리더는 어떤 자세로 비전을 세우는 것이 좋은지 모세와 여호수아를 통해 알아봅시다. (사 55:8, 9)

1) 모세 (출 3:9, 10)

2) 여호수아 (수 1:2)

4. 지도자가 비전과 목표를 이루어 가는 과정에서 버려야 할 태도는 무엇입니까?

1) 창세기 16:1, 2

2) 사무엘상 13:8~14

3) 역대하 10:13~15

추진력

1. 중요한 일은 대부분 추진하기가 대단히 힘들고 불가능해 보입니다. 느헤미야는 중요한 일을 앞두고 무슨 일을 했습니까? (느 1:4, 2:4~18, 참고. 대하 20:12)

2. 지도자는 하나님이 주신 약속을 이루어 갈 때 어떤 자세로 나아가야 합니까? (딤후 3:14)

3. 전쟁을 치르는 다윗의 태도를 살펴봅시다. 다른 사람들과 어떤 차이가 있습니까? (삼상 30:21~25)

4. 비전을 추진해 가는 과정에서 지도자가 가져야 할 태도를 찾아봅시다. 이런 태도가 함께하는 멤버들에게 어떤 영향을 줄지도 나누어 봅시다.

1) 마태복음 20:25~28

2) 누가복음 6:37

3) 빌립보서 3:12~14

적용

1. 하나님이 나에게 주신 지도자로서의 자질은 무엇이며, 더 필요한 자질은 어떤 것이 있는지 나누어 봅시다.

2과

팀 (Team)

"우리가 다 하나님의 아들을 믿는 것과 아는 일에 하나가 되어 온전한 사람을 이루어 그리스도의 장성한 분량이 충만한 데까지 이르리니 … 그에게서 온 몸이 각 마디를 통하여 도움을 받음으로 연결되고 결합되어 각 지체의 분량대로 역사하여 그 몸을 자라게 하며 사랑 안에서 스스로 세우느니라"_에베소서 4:13, 16

우리는 가정과 직장, 사회, 교회, 선교회 등의 공동체 안에서 팀의 일원으로 활동합니다. 어떤 공동체가 비전을 세우게 되었다면 그 공동체에는 반드시 작은 팀이 있을 것이며, 큰 비전을 가진 공동체라면 더욱 강한 결속력을 가진 팀이 있을 것입니다.

하나님이 조직력을 가진 공동체가 팀을 이루어 함께 일하게 하시는 이유를 살펴보고, 우리 자신은 일꾼으로서 팀을 효과적으로 운영하는 데 얼마나 관심을 두고 있는지 돌아봅시다.

팀(Team)

1. 공동체는 다양한 팀으로 구성되어 있습니다. 내가 속한 팀을 소개해 봅시다.

2. 내가 속한 팀은 아래의 정의와 비교할 때 좋은 팀이라고 생각합니까? 어떤 점에서 그렇습니까?

"팀이란 '공동의 목표를 이루기 위해서 함께 일하는 사람들의 집단'이다." _『팀웍 세우기』(고든 모즈메리 존스, 성서유니온선교회, 2000)

3. 팀을 이루는 요소는 무엇입니까?

1) 예수님과 열두 제자

누가복음 4:18, 19

누가복음 6:12, 13

2) 바울과 동역자들

빌립보서 1:20

빌립보서 2:19~30

⇒ 좋은 팀이 형성되려면 그 팀에는 반드시 팀의 존재 (　　　)가 있어야 하고 함께 하는 (　　　)가 있어야 합니다.

왜 팀이어야 하는가?

1. 성경에서 팀으로 사역했던 예들을 찾아봅시다.

1) 모세와 동역자들 (출 17:8~13)

2) 예수님과 제자들 (막 3:14, 15)

3) 예루살렘 교회 (행 6:1~4)

2. 팀으로 사역할 때 유익한 점은 무엇입니까?

1) 출애굽기 18:17, 18, 21, 22

2) 레위기 26:7~9

3) 전도서 4:7~12

4) 느헤미야 3:1~32

5) 마가복음 6:7

6) 사도행전 11:24~26

팀과 공동체

1. 공동체와 팀은 유기적인 관계 속에서 사역하며 공동체에서 팀을 세우고 파송하여 또 다른 곳을 개척하기도 합니다. 다음의 성경 말씀을 통해서 얻을 수 있는 교훈은 무엇입니까?

1) 사도행전 8:14~25

2) 사도행전 13:1~3

2. 이스라엘의 12지파가 가나안을 정복해 가는 과정에서 진을 친 모습입니다. 이 그림을 통해 얻을 수 있는 교훈은 무엇입니까? (민 2:1~31)

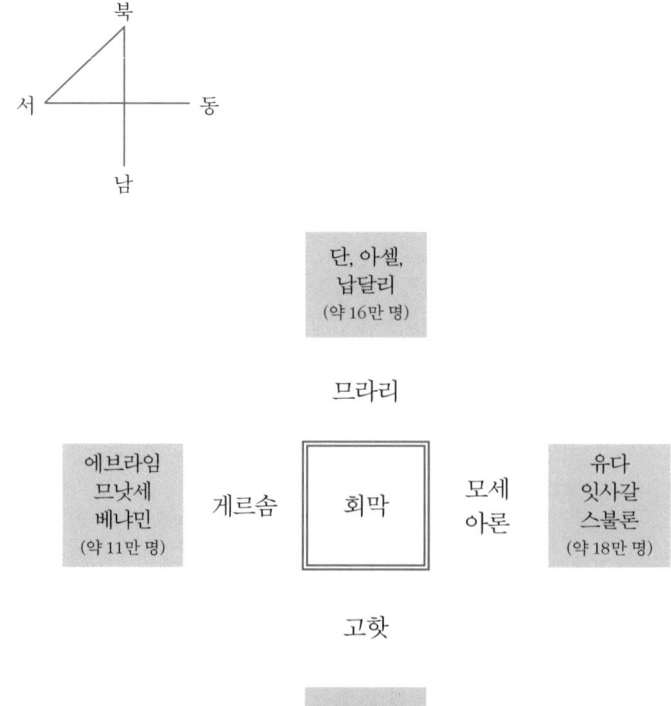

적용

1. 나의 팀은 어떤 목표를 가지고 있습니까?

2. 오늘 배운 것을 바탕으로 내가 함께하고 있는 팀의 앞으로의 모습을 전망해 보십시오.

3과

팀워크(Teamwork)

"두 사람이 한 사람보다 나음은 그들이 수고함으로 좋은 상을 얻을 것임이라 혹시 그들이 넘어지면 하나가 그 동무를 붙들어 일으키려니와 홀로 있어 넘어지고 붙들어 일으킬 자가 없는 자에게는 화가 있으리라 한 사람이면 패하겠거니와 두 사람이면 맞설 수 있나니 세 겹 줄은 쉽게 끊어지지 아니하느니라"_전도서 4:9, 10, 12

우리는 2과를 통해 공동체에 속한 팀의 모습을 살펴보았습니다. 단순히 같은 목표를 가지고 함께 일한다고 해서 좋은 팀이 되는 것은 아닙니다. 구성원의 조화로운 관계와 협력이 결여된 팀은 단지 업무 그룹(Working Group)일 뿐입니다. 사랑과 신뢰를 바탕으로 한 팀워크가 발휘될 때 진정한 팀의 모습을 갖출 수 있습니다.

좋은 팀워크는 그 자체로 구성원에게 큰 기쁨이며 개개인의 능력을 합친 것보다 놀라운 결과를 이끌어 냅니다. 성경은 삼위 되신 하나님의 팀워크 그리고 우리가 하나님과 함께하는 팀워크의 아름다움을 노래하고 있습니다.

팀워크의 요소

1. 좋은 팀워크의 본을 보여 주는 팀을 알고 있다면 소개해 봅시다.

2. 온전한 팀워크를 이루기 위한 요소는 무엇입니까?

1) 에베소서 4:2~4

2) 아모스 3:3; 빌립보서 4:2

3) 로마서 12:9, 10

4) 마가복음 10:43, 44; 빌립보서 2:22

3. 앞의 예시 외에 더 필요하다고 생각하는 팀워크의 요소는 무엇입니까?

4. 팀워크를 통해서 우리가 이룰 수 있는 것은 무엇입니까? (엡 4:11~15, 참고. 엡 2:21, 22)

이끄는 자의 자세

1. 사도 바울이 두란노 서원에서 한 일로 볼 때, 영적 지도자가 갖추어야 할 요건은 무엇입니까? (행 19:9, 10)

2. 지도자가 갖추어야 할 성품과 태도는 무엇입니까?

1) 디모데전서 4:12

2) 디도서 3:2

3) 로마서 12:4~8

3. 바울이 빌레몬 서신을 보낸 이유는 무엇입니까? (몬 1:16, 17)

4. 팀을 이끄는 지도자로서 갈등을 해결했던 경험이 있다면 나누어 봅시다.

따르는 자의 자세

1. 따르는 자들이 지도자를 향해 가져야 할 자세는 무엇입니까?

1) **여호수아 1:16, 17** (참고, 삼상 14:7)

2) 빌립보서 2:22

3) 갈라디아서 6:6

2. 팀 안에서 팀원들은 상호 간에 어떤 자세를 가져야 합니까?

1) 고린도전서 12:23~26 (참고. 롬 14:1~4)

2) 출애굽기 18:13~26

적용

1. 내가 속한 팀의 팀워크는 현재 어떤 상태입니까? 팀의 강점과 보완할 점은 무엇인지 각각 나누어 봅시다.

2. 내가 팀원들과 함께 나눌 수 있는 좋은 것은 무엇입니까? (갈 6:6)

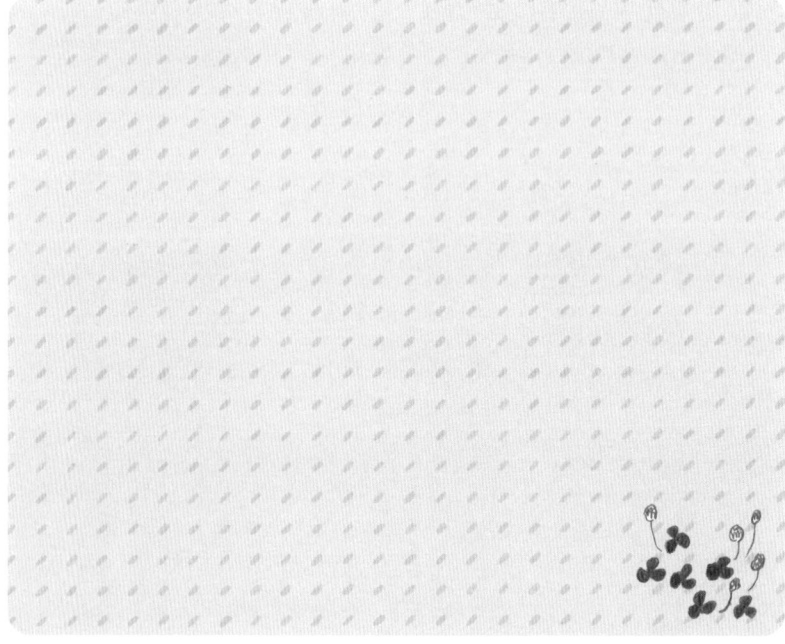

4과
팀의 배가

"이 때에 예수께서 기도하시러 산으로 가사 밤이 새도록 하나님께 기도하시고 밝으매 그 제자들을 부르사 그 중에서 열둘을 택하여 사도라 칭하셨으니"_누가복음 6:12, 13

앞서 우리는 팀의 개념과 팀으로 사역해야 하는 이유를 살펴보았습니다. 좋은 팀과 팀워크는 시간이 흘러도 유지될 뿐 아니라 더 발전됩니다. 팀은 새로운 비전과 목적에 따라 새롭게 개척되고 배가 되어야 합니다.

자기가 섬기고 있는 사람을 리더로 키우는 사람은 리더로 이루어진 팀을 만들 수 있습니다. 리더를 키워 팀을 만드는 것은 리더 훈련의 마지막 단계입니다. 리더로 이루어진 팀은 환상적이며 최상의 성과를 보장합니다.

참고문헌 ─────
『인재경영의 법칙』(존 맥스웰, 비전과리더십, 2003)

지도자의 중요성

1. 출애굽 당시 모세가 수백만의 남녀노소와 짐승 떼, 기구를 이끌고 가나안으로 전진할 때 일사불란하게 움직일 수 있었던 것은 누가 있었기 때문입니까? (민 2:1~31)

2. 죽음을 직면한 모세가 하나님께 간구한 것과 그런 간구를 한 이유는 각각 무엇입니까?

1) 모세는 자신의 죽음을 예견하고 하나님께 무엇을 간구했습니까? (민 27:16)

2) 모세가 이런 간구를 한 이유는 무엇이라고 생각합니까? (민 27:17)

3) 모세가 흔들림 없이 가나안 땅 정복을 향해 나아갔던 이유는 무엇입니까? (민 27:18)

3. 예수님이 3년 반의 공생애 동안 하신 일 중 본받아야 할 일은 무엇입니까? (참고. 눅 6:12~16)

팀 배가의 중요성

1. 지도자의 소명 중 하나는 다음 리더를 키우는 것입니다. 리더를 키우는 일은 사역을 배가시키는 것이며 공동체를 성장시키는 일입니다. 나는 이 일을 어떻게 하고 있습니까?

2. 예수님이 선발하신 12명의 제자는 대부분 리더가 되었습니다. 그 제자들이 한 일은 무엇이며, 그 일을 통해 세상에 어떠한 영향을 미쳤습니까? (마 28:19, 20)

3. 하나님 나라의 확장을 위해서는 더 많은 리더가 필요합니다. 바울은 디모데에게 어떤 부탁을 하고 있으며, 그런 부탁을 한 이유는 무엇입니까? (딤후 2:2)

팀 배가의 방법

1. 사도 바울이 리더를 세우는 과정에서 발견할 수 있는 특징은 무엇입니까? (행 19:21, 22)

2. 예수님이 제자를 세우는 과정에서 배울 점은 무엇입니까? (마 9:36~38, 참고. 요 15:14~16)

3. 팀의 리더에게 헌신은 필수입니다.

1) 예수님은 어떤 헌신이 필요하다고 말씀하셨습니까?

요한복음 21:15~17

누가복음 9:57~62

2) 바울이 디모데에게 부탁한 헌신의 모습은 무엇입니까?

디모데전서 4:13

디모데전서 4:15

3) 예수님, 또는 바울은 나에게 어떤 영역의 헌신이 필요하다고 말씀하실 것 같습니까?

4. 안디옥 교회의 리더들이 개척을 위해서 한 일은 무엇이며, 그 일을 우리 공동체에 어떻게 적용할 수 있겠습니까? [행 13:1~3]

1. 내가 속한 팀이 더 발전하기 위해 필요한 것은 무엇입니까?

리더가 된다는 것은 하나님의 거룩한 사역에 '초대'받는 것이다. 일을 해도 좋다고 인정받는 것이다. 당신은 리더로서 예수님의 마음을 이해할 수 있는 자리에 초대받았다.

제자훈련 시리즈 4
일꾼의 삶

초판 1쇄 인쇄 2023년 4월 25일
초판 1쇄 발행 2023년 5월 5일

저자 교사선교회
감수 교사선교회 교사국
기획 교사선교회 출판위원회
편집 강민영
디자인 임현주
제작 김혜정 이광우
경영 지원 이성경
인쇄 한국학술정보(주)

펴낸곳 템북
펴낸이 김선희
주소 인천 중구 흰바위로59번길 8, 1036호
전화 032-752-7844
팩스 032-752-7840
홈페이지 tembook.kr
출판등록 2018년 3월 9일 제2018-00006호

ISBN 979-11-89782-84-9 04230
　　　　 979-11-89782-80-1 04230 (세트)

책값은 뒤표지에 있습니다.